DE
L'AUTORITÉ.

LONDRES,

LIBRAIRIE ET AGENCE DE L'IMPRIMERIE UNIVERSELLE
DE JERSEY,
50 ½, GREAT QUEEN STREET, LINCOLN'S INN FIELDS.
—
MDCCCLIII.

JERSEY,
IMPRIMERIE UNIVERSELLE,
19, DORSET STREET.

DE L'AUTORITÉ.

A chaque éclipse totale, le Péruvien tremblait de voir périr son Dieu. Imiterons-nous cet Américain naïf, et parce que l'astre de la France se voile, croirons-nous à la mort du peuple initiateur?

Parmi les constantes oppositions d'ombre et de lumière offertes par le tableau mouvant de ce siècle, jamais, il est vrai, obscurcissement plus profond ne parut succéder aux clartés du jour. Mais tandis que les amis des ténèbres se réjouissent de la victoire inattendue d'Arhiman, leur âme troublée ne saurait se défendre du pressentiment des défaites. L'ivresse du triomphe ne peut les abuser tout-à-fait sur la durée de lueurs décevantes que l'absence momentanée du soleil permet seule d'apercevoir. Car la nuit donne un éclat relatif aux dogmes du passé comme à ces pâles météores, fils du tombeau, qu'efface l'aube renaissante.

Cependant la foule sans guide s'arrête ou recule dans ses voies. Les uns se plongent dans un grossier scepticisme propre aux âges de décadence. D'autres n'entendant plus que les clameurs privilégiées du mensonge, retournent aux autels délaissés. Esprits incertains, destitués des enseignements étouffés de la philosophie, ces derniers prennent pour les hymnes d'un triomphe réel le funèbre épithalame des noces sanglantes de l'Obscurantisme et de la Force. L'étranger, ne comprenant pas cette défaillance morale de tout un peuple, se figure que la France s'est laissé violer par lâcheté, qu'elle est digne, en un mot, de ses fers et de ses tourmenteurs.

Certes la grande nation mériterait cette flétrissure, si par manque de cœur, elle eût subi tout-à-fait en victime les hontes du coup d'état. Mais il est des complicités innocentes qui ne sauraient toutefois demeurer impunies ; dans ce sens, la responsabilité d'une assistance involontaire prêtée à l'usurpation, pèse sur le pays tout entier.

Bien des amis du progrès appelaient en dépit d'eux-mêmes l'avénement d'un pouvoir neutre entre les doctrines et protecteur de la liberté contre tous les partis. Un tel gouvernement aurait permis à la science, mère de l'autorité future, de rallier les esprits par la discussion. Et si les démocrates intelligents étaient prêts à se soumettre à une dictature maintenue dans les formes républicaines, il ne pouvait entrer dans leurs vues de s'opposer aux conséquences économiques, même les plus radicales de la révolution. A leurs yeux, le principe de la propriété, comme tous les prétendus droits de l'homme, est simplement une faculté individuelle, transitoirement dévolue pour le bien social et que l'être collectif modifie en se développant.

Ils ne reculaient donc pas devant les perturbations infaillibles que les réacteurs eussent amenées dans le régime des intérêts par leur refus de se prêter à toute transaction. Mais, républicains éclairés, ils redoutaient avant tout de voir dénaturer la révolution par ces empiriques maximant en creuses théories les préjugés haineux du prolétariat. Ils craignaient que la victoire d'une secte exclusive ne livrât la pensée de la France amoindrie par un système d'inquisition aux expériences des Procustes de la démagogie.

Si l'usurpateur trouva comme un point d'appui dans le s appréhensions les plus intimes des soldats de la Constitution, quelles dispositions presque favorables ne dut-il pas rencontrer dans le sein des masses hésitantes ! Une nation décidée, eût-elle en effet permis qu'un pouvoir d'aventure, insultant à toutes les traditions de la patrie, déchirât la charte républicaine pour se vautrer en intrus dans le lit mal rajusté des rois ? Non... Les terreurs de la France devant un avenir d'incertitudes, ce malaise répandu chez ceux-là même qui voyaient au-delà des déserts les splendeurs des Chanaans nouvelles, toutes ces anxiétés, cette angoisse endémique expliquent assez l'aide prêtée par chacun à l'asservissement général. Tout le crime du pays est de laisser occuper par une dictature indigne l'interim de ses destinées.

La France s'est retirée du pouvoir, elle s'est en quelque sorte retirée d'elle-même. Mais cet affaissement est bien loin d'accuser de sa part une abdication des principes dont la propagation et la défense armée sont notre tâche.

En reculant devant des abîmes qu'il eut mieux valu franchir résolument, nous montrons quelle *furia* digne de Jemmapes, nous apportâmes dans cette chasse aux institutions et aux dogmes du Moyen-Age, notre unique emploi depuis soixante ans. Nous avons si bien fait, si bien couru, que plus rien ne nous sépare aujourd'hui de questions complexes, sphynx cachés à grands frais en de ténébreux sanctuaires dont la démolition opérée chez nous est encore l'œuvre des nations nos sœurs. Et celles-ci nous jeteraient la pierre, et nous croirions nous-mêmes avoir démérité d'elles sans retour, parceque sur les ruines du temple abattu par nos mains, ayant rasé tout obstacle entre l'énigme et nous, nous nous sommes recueillis un moment devant le mystérieux interrogateur !

Ce temps d'arrêt au bord du gouffre donnait carrière aux faiseurs de coups de main. Le cheval épuisé, errant par les steppes, laisse souiller par un téméraire sa croupe vierge encore ; mais il n'est si bon cavalier qu'il ne désarçonne, quand il aperçoit enfin les pâturages longtemps cherchés, dont la vue lui rend la vigueur avec l'espérance.

Nous n'avons pas besoin de rappeler ici l'inéluctable loi présidant à la marche des sociétés comme au jeu des agents naturels. A ce compte, et puisque toute réaction est presque la seule mesure de l'intensité d'une action antérieure, peuples qui insultez la France la croyant déraillée, arrêtez et jugez !..... En dépit d'une rétrogradation passagère, voyez quelle distance sépare encore le convoi du progrès du glorieux tender qui toujours le précède.

Les grands périls nous ramènent à l'enfance. Le matelot blasphêmateur devient un naufragé pieux. Dans les désastres sociaux le génie humain s'aperçoit avec stupeur des bornes mises par la nature à notre pouvoir d'influer sur les lois générales. Mais au lieu d'attendre sans peur le jour où il reprendra sur la trame des destins le fil interrompu de sa collaboration avec l'Inconnu, l'homme se trouble alors ; son ombrageuse imagination surexcitée par le danger, a besoin des interventions suprêmes. L'heure est aux Dieux et aux Césars.

Rassurons-nous toutefois. Ce subit appel aux croyances chrétiennes, ce glaive aspergé d'eau bénite qu'une main de hasard promène sur la France, ces petites gens qui croient tuer le géant assoupi parce qu'ils le piquent de leurs aiguilles et le soufflettent de leurs goupillons, Tartufe au corps de garde, et Trimalcyon se macérant, pour le grand bien de la société, pendant que l'abbé Gaume est pris au sérieux, — toute cette grotesque et sanglante fantasmagorie ne saurait nous faire un moment illusion. Je me défie des dévotions *in extremis*.

Quand le paganisme tombait sous les coups de la Philosophie et sous la sape des catacombes, on vit les Césars, réchauffant les vieilles superstitions, chercher dans le sang des martyrs un charme qui rajeunît l'empire. Par une bonne fortune bien rare, la réaction religieuse rencontra dans un sage, un instigateur de bonne foi. Mais les Dieux ramenés un moment s'en allèrent pour toujours.

Que le réveil du Christianisme ne nous en impose pas. La vogue passagère qui lui revient ne saurait donner le change à l'opinion sur la vraie situation de l'idée ancienne. Nous essaierons d'établir quelle est cette doctrine, dernier abri du privilège aux abois. Comparant sous le rapport religieux la France aux autres puissances européennes, nous démasquerons les compromis à l'aide desquels les dogmes antiques se dérobent parmi nous aux atteintes de l'incrédulité. Il sera démontré que notre pays est encore par excellence la terre de l'émancipation intellectuelle, et qu'il est mûr pour l'installation d'une nouvelle autorité.

Qu'est-ce que l'Autorité ? Des théoriciens de circonstance font de ce mot un abus si criant, qu'il paraît bon de le définir.

Depuis que les Pontifes-rois des âges héroïques, ne sont plus les révélateurs universellement acceptés de la vérité morale, une séparation toujours plus complète s'est opérée entre les puissances spirituelle et temporelle. Le souverain politique assure l'ordre matériel dans la société, mais l'empire sur les âmes lui échappe. Malgré toute contrainte physique, la conscience de l'individu adhère à de certaines règles qui commandent ses persuasions, et là réside proprement l'autorité.

Cette puissance, insaisissable à la force, peut consister dans une soi-disant révélation, dans une doctrine philosophique devinée ou perçue; mais sa première condition pour exister est d'être reconnue par le libre arbitre de celui qu'elle entend gouverner. Galilée fait amende honorable aux juges qui le frappent ; sa pensée inviolable se rit des oracles au nom desquels un tribunal insensé cherche à régenter les convictions.

Le Christianisme, tout en se survivant à lui-même, est encore la seule autorité qui paraisse diriger les âmes. Minée cependant, battue en brêche depuis trois siècles par le rationalisme, l'Eglise n'est que ruines. Foulant aux pieds tout respect hypocrite, la Révolution doit pulvériser ces débris.

Toutefois, la foule ne rompra définitivement avec le passé que lorsque la philosophie s'imposant à sa confiance remplacera le pouvoir spirituel de la révélation.

Cette substitution ne peut tarder à s'accomplir. Déjà les sciences inférieures obtiennent un crédit que l'ignorant lui-même ne songe plus à contester ; car il a foi en des principes dont il sait que l'étude amène pour chacun la démonstration. Les connaissances physiques et naturelles sont arrivées successivement à cet état positif, en proportion de la complication des phénomènes formant l'objet de leurs investigations respectives. La science sociale, abandonnant à son tour la voie stérile de l'*a priori*, se borne à découvrir les lois physiologiques qui règlent l'existence de l'humanité. Elle fonde ainsi l'autorité dont les inspirations doivent régénérer la morale et la politique.

Si le droit individuel absolu est de ce monde, il appartient à l'animal comme à l'homme. Car aux yeux d'une science impartiale, le chef de la hiérarchie des êtres n'est séparé de ses plus humbles sujets que par les anneaux intermédiaires d'une même chaine. De l'Européen au rayonné, parmi ces décroissances d'intelligence et de vie, caractères graduellement nuancés des individus, des espèces, des ordres respectivement inférieurs; du zoophyte à la sensitive, des sublimités de Platon aux pauvretés des langues australiennes, du Papou dont la parole est presque un cri, au chimpanzé dont le cri est presque une parole, où marquer des limites, où arrêter des contours, où trouver l'absolu ?

L'autorité scientifique est appelée à ramener à une saine appréciation de leur importance relative les éléments divers de la société. Les individualités personnelles et collectives prennent de jour en jour conscience de la vie générale qui enserre en son milieu fécond toutes les existences particulières. Les classes favorisées ne contrarieront plus par une opposition funeste à leurs intérêts, la marche accélérée du genre humain vers l'égalité des conditions. De leur côté, les masses ramenées au sentiment de la hiérarchie dépouilleront l'irritabilité défiante qui toujours paralysa leur coopération à l'œuvre intestine du progrès.

Les temps approchent où l'oisiveté menacée dans ses prérogatives va perdre ses derniers retranchements. Déjà le spectre habilement présenté des sanctions transmondaines est impuissant à contenir les masses dans une résignation désormais sans objet, car les richesses du globe centuplées par les forces industrielles deviennent l'apanage de tous.

En vain les superstitions expirantes déploient une fiévreuse activité. La foi sincère n'a pas les allures de la fantaisie. Les convictions vraies sont le fond même des âmes, et les gens qu'elles tiennent, n'apportent pas dans la confession de leur croyance cette ardeur acrimonieuse et téméraire qui distingue les champions des dogmes du Moyen-Age. Les vins sacrés tournent au vinaigre dans ces calices improvisés.

Pour bien comprendre les nécessités faites aux apologistes du passé, il faut se former une exacte idée de l'origine et des vicissitudes des mythologies.

Jetons un coup d'œil sur les différents régimes théologiques par lesquels est passé le monde : nous reconnaitrons que l'exposé des conceptions religieuses, du genre humain est l'histoire même de l'imagination de cet être collectif dont la science a pour mission d'organiser le culte. Histoire intéressante, car l'humanité fut à la fois un grand poète et un héros gigantesque! Histoire indispensable à savoir, car à celui qui ne la connait pas tout demeure problème dans le récit des gestes de notre espèce !

L'ignorant n'est qu'un enfant robuste ; tout ce qui le dépasse lui est fantôme. Ainsi dans nos premières années, les objets extérieurs prennent pour nous une teinte surnaturelle ; l'adulte nous semble un être supérieur dont jamais nous n'atteindrons l'âge, jamais nous n'égalerons la vigueur. Telles, dans le crépuscule des siècles où les lointains se confondent, apparaissent aux nations les ombres fabuleuses des héros dont le nom vague a vaincu l'oubli. C'est Arthur immortel qui reviendra venger son peuple ; c'est Roland, c'est Barberousse à la barbe exubérante !... Mais pourquoi chercher dans le passé des exemples de l'empire exercé sur l'imagination de la foule par le souvenir des grands hommes ?... Heureusement exploitée, la légende fait encore des rois, si ce n'est des dynasties.

L'histoire doit donc être l'exorcisme impitoyable du mythe. Que quelque part en Syrie, un illuminé doué de vertus ait ou non renouvelé la mission des Boudhas..... question oiseuse et insoluble ! L'imagination populaire s'assimilant toutes les théogonies, prenant à Platon son Verbe, à l'Egypte sa Trinité, à l'Inde son idée de l'Incarnation, empruntant à tous les cultes ce dogme de l'expiation par le sang, personnifié dans Jésus, et l'influence d'un génie systématique, Saint-Paul, suffisent à expliquer la formation du Christianisme. Ainsi s'établit cette *folie de la croix* qui assura aux siècles laborieux du Moyen-Age, une unité spirituelle longtemps attendue, et dont la science ne pouvait encore être la source.

Le peuple divinise sans peine ce qu'il craint ou ce qu'il respecte. Tibère et le Christ ont eu simultanément le même sort : l'apothéose. L'exemple récent des Mormons, peut d'ailleurs nous éclairer sur la manière dont l'extravagance et l'imposture s'entendent pour faire parler le ciel.

Il suffit pour apprécier l'importance de l'idée religieuse de suivre pas à pas les traces sanglantes de son développement. Les mystères insondables de l'inconnu ont si longtemps donné le vertige aux générations qu'il ne faut pas s'étonner si nous marchons encore d'un pas mal assuré au bord des abîmes dont les sombres profondeurs terrifiaient nos ancêtres. Du fond de ces gouffres obscurs, s'élèvent en tournoyant à nos yeux désillés à peine, les Dieux forgés par l'imagination des peuples. Dernier mirage du couchant des anciens jours, des mythes formidables et gracieux, épouvante ou délices des nations, s'évanouissent en jetant dans la nuit leurs dernières lueurs !

Reine splendide des intelligences, faculté créatrice, l'imagination éclairée par la raison colore la vérité, agrandit la vie. Quoi donc ! La même puissance qui nous attendrit sur les infortunes idéalisées par l'art de Juliette ou de Didon, arme de terreurs ridicules le bras d'un imposteur. Elle a pu courber l'homme devant des idoles à son image.

Ce besoin de fétiches est le produit de l'imagination déréglée... Le même chez le nègre du Darfour qui taille son Dieu dans l'ivoire ou l'adore vivant dans le reptile... Le même chez ces chrétiens de la dernière heure qui croyant duper leur Dieu par une conversion à bon marché pâlissent sous l'huile sainte. Ignoble palinodie de la lâcheté et de la bêtise humaine, pour laquelle le grand Balzac a trouvé cette formule d'une trivialité sublime : *Faire le bon Dieu* (1) !

La superstition du fakir, qui rêve un croc dans les chairs, aux douceurs d'une autre existence, diffère de la ferveur moins coûteuse de l'anglican mangeant froid le dimanche, par respect pour le sabbat, son dîner préparé la veille. Mais le même principe différemment caractérisé chez chacun de ces sectaires, produit néanmoins chez tous des sacrifices également absurdes. Leur maladie a d'ailleurs de plus épouvantables conséquences. Et d'abord la folie sacrée enfante le prosélytisme impitoyable ou cette ardente convoitise d'imposer une opinion jugée nécessaire qui rend une religion d'autant plus intolérante qu'elle s'attache avec plus de soin à posséder l'intelligence et le cœur, qu'elle met plus obligatoirement pour condition au bonheur éternel l'acquiescement à une croyance surnaturelle.

Peu théologiens, ne rendant à la Divinité qu'un culte tout extérieur, les païens étaient d'ordinaire assez tolérants. La graisse fumante des taureaux satisfaisait le père des Dieux, et la blonde Vénus, favorable au prix d'une colombe, souriait à de plus doux sacrifices. Mais le Christianisme est fatalement cruel. " Crois, ou tu seras damné ! " En présence de l'éternité, qu'est la vie d'épreuves que nous menons ici-bas ? Cette existence de nulle valeur pour le croyant, qu'est-elle en présence des joies ineffables qu'un prosélytisme sans merci procure aux âmes égarées ? Et depuis quand le supplice n'est-il plus le chemin du ciel ? La croix sauva le bon larron. Dieu n'a-t-il pas dit : " Contrains-les d'entrer ? " Le Seigneur connaît ses élus qu'une violence salutaire purifie pour les

____

(1) *Les Parents Pauvres. — La cousine Bette.*

tabernacles de sa gloire, tandis que ces saintes rigueurs ne font qu'avancer de quelques jours les inextinguibles supplices réservés aux méchants. " Malheur à celui par qui le scandale arrive ! " dit l'Evangile, ce livre étrange, arsenal de contradictions, auquel certains traits sublimes ont trop assuré jusqu'à ce jour l'admiration moutonnière des esprits même les plus émancipés.

C'est l'Evangile à la main que les persécuteurs versèrent à flots le sang des hommes. Une sinistre émulation de charité coërcitive poussa comme à l'envi dans leur voie sanglante les ministres des diverses communions. Le doux Melanchton comme l'aigre proscripteur de Servet peut réclamer sa part dans les hécatombes offertes au dieu du Calvaire. Il y a sans doute une triste sincérité dans les paroles du légat au siége de Béziers. Le monstre qui les prononça eût peut-être été le bon Samaritain : sa charité pouvait panser des plaies comme elle allumait des buchers. Telle est la barbarie du dogme ! Tel est l'homme, lorsqu'il abandonne aux caprices d'une autorité surnaturelle la règlementation de ses convictions et de sa vie !

Les héritiers des victimaires de la théologie se targuent aujourd'hui de mieux comprendre la douceur des maximes évangéliques. Illusion ! Masque imposteur derrière lequel grimace la haine ! Car supposez un instant le monde peuplé de chrétiens sincères, catholiques ou huguenots, qu'importe ! Au milieu, *apparent rari nantes* quelques libres penseurs, quelques *libertins*, comme les appelait le docteur de Noyon. Pensez-vous qu'une église quelconque laisse ces mécréants reposer tranquilles sur l'oreiller du bon sens ou du sans-souci ? Ce n'est pas un dieu, c'est presqu'un diable qui a dit : Pas de zèle ! Or, d'une obsession constante, passionnée à une charitable violence, il n'y a pas loin. Que sera-ce donc, dans une société de fidèles, quand les colères du croyant auront le bras du pouvoir ? Alors

“ la tolérance cette vertu des siècles de doute ”, devenant
une criminelle indifférence pour le salut des âmes, “ il y
“ aura en immolant l'homme endurci dans son erreur toute
“ chance pour que cette erreur périsse avec lui et que les
“ peuples demeurent dans la paix de l'orthodoxie (1). ”

Que dis-je, et que ne voyons-nous pas. A la faveur d'une
contre-révolution passagère, l'esprit d'intolérance ne se
réveille-t-il pas de toute part ?

Tressaillez Rome et Genève, et toi Stamboul prête l'o-
reille ! Ils reviennent ces jours bienheureux où du fond
des chaudières sacrées, la chair des impies exhalait vers
Jehovah des parfums d'agréable odeur ! Hosannah ! du
Nord au Midi, du Bosphore au Zuyderzée, on respire
comme un avant-goût de festins pieux : les appétits s'ai-
guisent, et les pontifes se montrent du doigt les troupeaux
à convertir. A Smyrne on lapide les Juifs, à la Haye on
court sus aux Catholiques. Pendant que la Philosophie
baillonnée est flagellée par les cagots, chacun se parque
dans son église et menace le monde de ses bénédictions.
Tous poussent leur cri de guerre. Le labarum défie le
croissant, et le : *No popery !* des Knoxs modernes se mêle
au *Diex cl volt !* des fils des croisés.

Les grandes analogies de l'histoire nous ont éclairés
déjà sur la valeur des réactions intellectuelles. Mais ce
qu'il importe de bien remarquer dans le mouvement de re-
cul auquel nous assistons, c'est que tous, amis ou ennemis
des doctrines du passé, ont contribué à le produire. La
philosophie contemporaine voulut expier à force de respect
pour le Christianisme l'inintelligence historique qui dut
présider à l'œuvre indispensable des encyclopédistes.

Il faut s'arrêter sur cette pente. Ne prêtons pas à
croire que notre adversaire est invulnérable, parce que, en

____

(1) *Vic de S. Pie V*, par M. de Falloux.

émoussant par trop nos armes, nous nous enlevons à nous-
mêmes les moyens de le blesser. La science a un grand
devoir. Semblables à Pharaon entre Moïse et les magiciens,
les masses hésitant entre deux directions, inclinent pourtant
vers l'imposture. Si donc le prophète veut dissiper les
prestiges, qu'il frappe de sa verge et l'illusion s'évanouira.

Alors seulement il sera temps de vulgariser ce qu'éta-
blirent les immortels fondateurs de la science sociale, les
Saint-Simon, les de Maistre, les Comte, les Guizot, les
Leroux, les Michelet, les Thierry, et tous ces esprits émi-
nents, souvent si opposés de bannières, dont les travaux
révélèrent l'Humanité à elle-même. Alors, il n'y aura plus
péril à reconnaître comme un progrès accompli favorable
à l'amélioration de notre espèce, le triomphe sur le Paganisme du monothéisme chrétien ; nous pourrons ensevelir
avec égards dans la nécropole des croyances éteintes
Jehovah côte à côte avec Jupiter, et le Christ auprès de
Boudhah.

Mais cette large et pleine justice rendue au passé par
la science ne saurait être encore comprise par la foule.
Pour croire à la chute de ses dieux, le vulgaire a besoin
de profanations éclatantes. Il faut qu'il voie gisante l'i-
dole, sans que la foudre ait tonné contre le sacrilége qui
la précipita.

Se séparer de ce qui meurt est une loi de la nature.
Comme le serpent merveilleux, symbole de l'éternité, l'Humanité apparaîtra plus belle dégagée des écailles d'une
enveloppe flétrie. Mais la violence de cette métamorphose
ne nuira pas à ce que doivent obtenir un jour de respect
raisonné des traditions respectables.

Faire peau neuve, n'est-ce pas en effet profiter du travail
antérieur accompli par notre organisme, en rejetant seulement la mort qui voudrait adhérer à la partie vivante de
l'être !

La France heureusement, a peu à faire pour dépouiller sa vieille enveloppe. Les autres nations, émancipées à demi par des révolutions ébauchées ou opérées sur des bases trop étroites sont encore engagées presqu'entièrement dans les traditions du moyen-âge. Mais nous les païens, renégats quoiqu'on fasse, de toutes les églises, plus heureux que la catholique Espagne, que la protestante Angleterre, que l'Allemagne philosophique elle-même, nous sommes depuis 89 le seul peuple en pleine possession de soi. Si nous portons parfois des jougs, du moins nous nous les sommes forgés et nous nous les imposons nous-mêmes. Si nous reprenons des voies abandonnées, c'est que nous voulons bien changer pour un moment de route. Ils sont tombés pour jamais sur notre sol, ce donjon féodal, ce clocher séculaire du cléricalisme dans lesquels un historien cher aux cœurs démocrates symbolise les deux génies du passé. Les biens des nobles et des prêtres ont été vendus à la criée. Il y a déjà plus d'un demi-siècle que la Raison reçut sur le maître-autel purifié de Notre-Dame, des hommages décrétés par la Convention. Triomphe éclatant de la philosophie, fait unique dans l'histoire et contre lequel Robespierre réagit niaisement au nom de l'Etre-Suprême, ce Dieu avorté d'une métaphysique impuissante !

Un rapprochement significatif fera ressortir ce haut caractère d'émancipation morale assurant à notre patrie, même dans les jours ténébreux qu'elle traverse, le premier rang parmi les nations. Tandis que par la voix de son sénat féodal, la libre Angleterre repousse les Juifs du Parlement, le dictateur rétrograde de la France, le bombardeur de Rome républicaine se refuse à constater par l'abolition du mariage civil, la pleine catholicité de l'Empire français. La fille aînée de l'Eglise fait depuis longtemps le désespoir de sa mère.

Si l'on recherche les causes de ce qu'on pourrait appeler l'extirpation radicale par notre révolution, de l'organisation du moyen-âge, on doit attribuer tout d'abord ce grand résultat au triomphe de la monarchie sur le fédéralisme des feudataires et des communes. Cette victoire, suicide anticipé de la royauté, en concentrant en un seul foyer lumineux les rayons épars de l'intelligence nationale, assurait en premier lieu une capitale à la Philosophie. Ensuite, la centralisation opérée par nos princes procurait le moyen de détruire d'un seul coup, un jour donné, sur un point donné du territoire, les éléments tout réunis d'un système en décrépitude, éléments qu'il eût été presqu'impossible d'anéantir en détail, un à un, en mille localités à la fois.

Une circonstance tout aussi importante à laquelle nous devons notre complet affranchissement, c'est la juste combinaison des différents principes chrétiens, qui, après les luttes de la Réforme, ont fini par entrer dans notre constitution religieuse. Le Protestantisme heureusement contenu, le Jansénisme étouffé dans son berceau, n'ont servi par leur apparition en France, qu'à réveiller parmi nous l'esprit de discussion. Mais la victoire absolue de l'Eglise romaine en Espagne et en Italie, a trop longtemps comprimé dans l'Europe du midi le libre essor des intelligences. Si les huguenots ou même les docteurs de Port-Royal, ces demi-calvinistes, eussent prévalu dans nos contrées, nous ne tiendrions probablement pas à cette heure le sceptre de la papauté philosophique. Et la révolution n'aurait pas trouvé son incarnation. Car l'Allemagne, notre émule dans le domaine des conceptions intellectuelles, eût échoué sans doute, comme elle l'a fait jusqu'à ce jour, à introduire les hautes formules de la science dans les réalités de l'action.

Que serions-nous devenus nous-mêmes? Imbus des

dogmes lâches et égoïstes de l'orthodoxie chrétienne mis à nu dans leur hideur par les apôtres de la prédestination, révolutionnaires prématurés d'une révolution bourgeoise et quasi féodale comme celles de l'Angleterre et des Provinces-Unies, nous en serions encore à exporter des Bibles par millions pour l'édification des Hottentots. Et tout cela peut-être sans que le rétrécissement subi par nos facultés au contact de doctrines désolantes eût tourné au profit de notre agrandissement commercial et de la colonisation du globe !

Bienheureux Loyola, renard subtil, toi qu'un libéralisme à courte-vue se plaît à transformer en bouc émissaire de ses fureurs anti-sacerdotales, *ave Ignatie !* nous ne te gardons pas tant de haine. Grâces soient rendues à ta bénigne théologie, plus raisonnable après tout, que les sauvages hallucinations des prédicants et des loups jansénistes ! Directeur des rois et des Sonderbunds (car tu t'accomodes des républiques) toi qui bénis au besoin les arbres de liberté, louange à toi, conseiller commode, doux convertisseur, étoile de contre-révolution ! Le triomphe de tes doctrines dans l'Eglise ne laisse debout devant la philosophie militante que le simple organisme catholique dépouillé de son âme et de sa vie.

Le Jésuitisme est comme la pétrification finale du Christianisme. Qui reconnaîtrait en effet, dans les docteurs ultramontains les successeurs des pères de l'Eglise, des Saint-Bernard et des écrivains sacrés du grand siècle ? Préoccupés d'intérêts sociaux plus que du salut des âmes, ceux qui si longtemps, aiguisèrent les poignards du régicide, ont enfin réalisé l'alliance de l'autel et du trône. Ils ont compris que pour traverser sans trop de péril, un âge de discussion, il fallait être alerte et souple pour l'action, petit pour la pensée.

Soustraite par la défaite des doctrines de Calvin et de

Jansénius à l'influence de ce qu'on pourrait appeler l'idée fixe chrétienne, et toute pénétrée de libre examen, la France aurait depuis longtemps rompu en visière à une religion théologique, insulte savante et raisonnée à sa science et à sa raison. Aussi vous êtes-vous bien gardés, mes pères, de lui en servir une de ce goût. Pour vous, l'enseignement de la théologie n'est plus qu'un apprentissage d'observances. A l'aide d'une ignorance dogmatique soigneusement entretenue, vous dérobez aux contemplations des croyants ces thêmes périlleux aujourd'hui, de la scholastique, péché originel, rédemption, toutes les grandes fables du Christianisme. On préfère voiler le tabernacle : on le cache derrière un appareil artistement monté de dévotes mignardises. Les chapelles se font boudoirs ; les boudoirs à leur tour se font chapelles, et les cornets à piston entonnent sur des airs connus les louanges du cœur de Marie.... O culte de la femme, élancements d'une amour infinie, que vous êtes doux aux âmes tendres !... C'est à votre personnification vieillie que les jongleurs du sanctuaire doivent encore leurs succès les plus francs !

Mais trève à ce mysticisme quasi-charnel, à ces effusions d'une ferveur douillette, étayées des colifichets d'un art dégénéré ! Voici des esprits cultivés qu'une instruction positive ne prémunit pas contre les artifices de la métaphysique ! Avec eux, le clergé fait bon marché et de dogmes laissés dans un vague favorable aux plus bienveillantes interprétations et de minutieuses dévotions bonnes pour les simples. Mais il réserve à ces ouailles plus difficiles ses prédicateurs-tribuns dont l'éloquence pleine de fantaisie prête la main aux théories des démocrates-bouffons, pour qui le curé Lincestre est décidément le précurseur de Saint-Just.

C'est ainsi que, véritable Protée, le catholicisme met en

pratique le précepte de l'apôtre, " se faisant tout à tous, " afin de perpétuer une lucrative illusion.

On comprend par-là comment la situation présente de l'Eglise se prête à la diffusion des lumières scientifiques.

Le dogme égoïste du salut individuel, dépouillé pour les protestants du corollaire consolant de la croyance au purgatoire, exerce principalement sur les réformés son affligeant empire. N'en fut-il pas ainsi, l'ignorance religieuse des populations latines, les livrant désarmées à leurs instincts sympathiques, doit les amener les premières au culte de l'Humanité.

En effet, dans les pays où la Réforme règne sans partage, les esprits les plus hardis traversant à la hâte les opinions mi-chrétiennes de Socin, n'osent pourtant pousser au-delà du déisme leur révolte contre la Révélation. La France et l'Allemagne, au contraire, voient s'augmenter chaque jour le nombre des penseurs entrés dans une voie plus féconde. Dans ces deux contrées, les intelligences d'élite s'élèvent au-dessus d'une stérile protestation dirigée contre le Christianisme au nom des entités métaphysiques. Elles affirment que toute poursuite autre que la recherche des lois présidant aux phénomènes, toute préoccupation de la substance et du principe des choses sont vaines et doivent être frappées de réprobation. Mais nourris dès l'enfance sous la farouche obsession d'un spiritualisme dépouillé de poésie, les révolutionnaires protestants ont de la peine à renoncer aux chimères de la métaphysique.

Le protestantisme est peu connu en France, par suite même de l'heureuse ignorance en théologie des peuples de la communion romaine. Aussi conserve-t-il auprès de quelques libéraux une sorte de faveur, tout au moins relative, qu'il ne mérite pas. Si ces juges trop bienveillants de la Réforme prennent la peine de l'étudier, ils en viendront à couvrir de leur mépris ces sectes inconséquentes qui, démolissant dans l'Eglise l'autorité longtemps progressive de la tradition vivante, ont laissé subsister sur les âmes la tyrannie désormais sans contrôle d'un livre.

On peut tout voir dans les Ecritures, même ce qui n'y est pas, comme le principe de l'abolition de l'esclavage, tandisque Saint-Paul consacre nominativement la servitude. Mais ce que trouveront surement dans leurs révélations les peuples abêtis par la lecture d'un livre unique, Bible ou Koran, c'est un obstacle certain au progrès. Il semble que l'Egérie piétiste d'un Czar, en inspirant, l'Evangile à la main, le protocole de la Sainte-Alliance, ait inauguré le seul emploi réservé désormais aux codes sacrés des nations.

Si des lois préfixées ne contenaient pas les mouvements de notre espèce, nous pourrions reprocher aux générations passées leurs tâtonnements et leurs erreurs. Mais les sociétés impliquent dès l'embryon les formes préétablies de leur développement. Elles ne peuvent que remplir plus ou moins heureusement dans les détails, fort importants du reste, de leur existence, le canevas fatalement imposé à leurs labeurs.

Nous ne ferons pas le procès à l'histoire. Dès Léon X, la philosophie ne pouvait prévaloir en humanisant le monde, sur une réforme religieuse grosse de sanglantes controverses. Les ténèbres mystiques étaient encore trop épaisses pour que les peuples acceptassent l'arrêt déjà prononcé contre la révélation. Une protestation populaire contre Rome devait donc revêtir la forme théologique. Mais la doctrine nouvelle, loin de rationaliser le Christianisme, ne se présentait que pour remettre en lumière, en les exagérant, les absurdités de cette religion. Les réformateurs se bornèrent à dépouiller la nudité du dogme du vêtement gracieux des légendes. L'utilité de leur mission fut d'ouvrir l'arène aux discussions dans les seules limites où la liberté d'examen osât se généraliser.

La civilisation moderne, fille de la Grèce païenne, eut pour nourrice la Renaissance ; elle renie toute parenté avec la Réforme. Que trouver, en effet, de commun entre les instaurateurs de l'antique et des cuistres barbouillés de sang ? Une chose peut-être... Les esprits immortels qui rouvrirent les sources du Beau et du Vrai pouvaient aussi tenter la rénovation de l'autorité. Un pontife platonicien, digne chef de cette pléiade éclatante, devait diriger la régénération philosophique de la Chrétienté.... Mais ne rêvons pas... Le seizième siècle aurait-il offert le spectacle encore attendu d'une révolution scientifiquement accomplie !

Hélas ! combien a manqué jusqu'à présent à l'action révolutionnaire le frein librement accepté d'une puissance régulatrice ! De là, tant d'égarements !... Mais nous joindrons-nous aux insulteurs des nations ? Imiterons-nous ces artisans de ténèbres qui vont s'étonnant des fureurs de l'ignorance mutinée ? Belluaires imprudents qui, livrant la bête à tout bouillonnement des instincts farouches, dénoncent ensuite la cruauté des révolutions !... Ah !... plaignons-nous plutôt de l'aveuglement des multitudes insurgées !

Que, ministre inconscient du Destin, un peuple prononce, les bras dans le meurtre, l'arrêt fatidique d'une société, que le Moloch révolutionnaire boive à flots le sang des victimes !.... Passons.... L'Humanité appelant des jours meilleurs, se voile un moment la face. Qu'est-ce après tout?... Sans péril pour l'avenir, le panier de Sanson reçoit pêle-mêle, avec le chef obtus d'un roi-serrurier, des têtes vulgaires de princesses et de courtisanes, de prêtres et d'histrions... Mais si les masses, cédant aux inspirations d'une démagogie envieuse, poursuivent de leurs proscriptions les révélateurs des lois éternelles, si le fatal couperet arrète sur des lèvres consacrées, le mot ou la Muse de la révolution, déplorons à jamais les égarements d'un fanatisme aveugle. Lavoïsier, Chénier stupidement décapités, Condorcet réduit à emporter dans le néant l'ébauche interrompue de la philosophie moderne, accusent un passé dont l'exemple de leur fin doit à jamais prévenir le retour. Les siècles entendront la tête d'Orphée criant contre les bourreaux.

L'ignorance est mère du crime. L'homme honnête et vraiment éclairé appellera donc de tous ses vœux l'avénement de la science à l'autorité. Il hâtera de tous ses efforts l'intervention dans les choses de ce monde d'un pouvoir spirituel volontairement consenti, qui révèle aux gouvernements les lois nécessaires du progrès. Alors, avec les contre-révolutions hypocrites, s'évanouiront les révolutions infécondes. Les réacteurs ne tenteront plus de perpétuer le crédit des oracles démasqués aux yeux de tous. De leur côté, des tribuns idéologues n'érigeront plus en principes les passions et les intérêts du moment; ils renonceront à courtiser l'égoïsme ignorant des prolétaires. Préciser par l'instruction les aspirations prophétiques des masses et combattre les illusions du demi-savoir sera le rôle des conducteurs du peuple. La science, allumant ses feux sur la montagne, éclairera les opérations, constatera les accidents et les confins du champ de bataille de l'Humanité.